Dr. Oetker

Blitzkekse

Dr. Oetker

Blitzkekse

Dr. Oetker Verlag

Vorwort

Appetit auf ein paar leckere Kekse? Aber nicht viel Zeit?

Mit Dr. Oetker kein Problem. 30 Minuten sind genug. Schnell den Teig kneten, portionieren, zu Rollen verarbeiten oder als Teig auf das Backblech geben und ab in den Ofen.
Wenn Sie Lust haben, können Sie sie noch mit den beigelegten Deko-Artikeln verzieren.

Nach kurzer Backzeit sind köstliche Orangen-Anis-Streusel-Brocken, Lebkuchen-Pecan-Quadrate, Mokkastangen, Kokos-Mango-Cookies und schnelle Nussecken fertig und warten darauf vernascht zu werden.

So können Sie Familie und Gäste bei Kaffee und Tee überraschen.

Pistazien-Mandel-Splitter

Zubereitungszeit: 30 Minuten
Backzeit: 12–15 Minuten
Haltbarkeit: etwa 2 Wochen in gut schließenden Dosen
Insgesamt: E: 53 g, F: 230 g, Kh: 221 g, kJ: 13259, kcal: 3168, BE: 18,5

Etwa 40 Stück

Zutaten

Für die Mandelmasse:

80 g	Schlagsahne
100 g	Zucker
40 g	Butter
200 g	abgezogene, gehobelte Mandeln
1 Pck. (25 g)	gehackte Pistazienkerne

Für die Streusel:

100 g	Weizenmehl
60 g	Butter oder Margarine
30 g	Zucker
1 Prise	Salz
1 Pck.	Dr. Oetker Vanillin-Zucker
1 EL	kaltes Wasser

1. Für die Mandelmasse Sahne mit Zucker und Butter in eine Pfanne geben und aufkochen lassen, dann 2 Minuten bei mittlerer Hitze kochen lassen, dabei gelegentlich umrühren. Den Backofen vorheizen.
Ober-/Unterhitze: etwa 200 °C
Heißluft: etwa 180 °C

2. Die Pfanne von der Kochstelle nehmen und Mandeln und Pistazien unterrühren. Die heiße Masse auf einem Backblech (30 x 40 cm, gefettet, mit Backpapier belegt) verteilen und mit einer Teigkarte glatt streichen.

3. Für die Streusel die Zutaten in eine Rührschüssel geben und mit Handrührgerät mit Rührbesen erst kurz auf niedrigster, dann auf höchster Stufe zu feinen Streuseln verarbeiten.

4. Streusel gleichmäßig auf die Mandelmasse streuen. Das Backblech in den vorgeheizten Backofen schieben und die Platte **12–15 Minuten backen**.

5. Das Backblech auf einen Kuchenrost stellen. Die Gebäckplatte kurz abkühlen lassen und noch warm mit einem Sägemesser in Rechtecke (etwa 5 x 6 cm) schneiden (das Gebäck splittert, wenn es kalt geschnitten wird).

Schnelle Nussecken

Zubereitungszeit: 30 Minuten
Backzeit: 20–25 Minuten
Haltbarkeit: etwa 3 Wochen in gut schließenden Dosen
Insgesamt: E: 49 g, F: 252 g, Kh: 354 g, kJ: 16246, kcal: 3883, BE: 29,5

Etwa 60 Stück

Zutaten

Für den Rührteig:

100 g	weiche Butter oder Margarine
80 g	Zucker
1 Prise	Salz
4–5	Tropfen Bittermandel-Aroma
1	Eigelb (Größe M)
150 g	Weizenmehl
½ gestr. TL	Dr. Oetker Backin
50 g	gemahlene Haselnusskerne
2 EL	kaltes Wasser

Für den Belag:

200 g	Aprikosenkonfitüre
1 Pck.	Dr. Oetker Vanillin-Zucker
2 EL	Schlagsahne
200 g	gehobelte Haselnusskerne

1. Den Backofen vorheizen.
Ober-/Unterhitze: etwa 200 °C
Heißluft: etwa 180 °C

2. Für den Teig Butter oder Margarine mit Handrührgerät mit Rührbesen auf höchster Stufe geschmeidig rühren. Nach und nach Zucker, Salz und Aroma unterrühren. So lange rühren, bis eine gebundene Masse entstanden ist.

3. Eigelb unterrühren. Mehl mit Backpulver mischen und in 2 Portionen auf mittlerer Stufe kurz unterrühren. Nusskerne und Wasser kurz unterrühren.

4. Den Teig auf einem Backblech (30 x 40 cm, gefettet, mit Backpapier belegt) verteilen und verstreichen bzw. mit bemehlten Händen gleichmäßig zu einem Boden andrücken. Das Backblech in den vorgeheizten Backofen schieben und den Teig **etwa 10 Minuten vorbacken**.

5. Währenddessen die Konfitüre in einem Topf aufkochen lassen und von der Kochstelle nehmen. Vanillin-Zucker, Sahne und gehobelte Nusskerne unterrühren.

6. Das Backblech auf einen Kuchenrost stellen. Die Nussmasse sofort auf dem vorgebackenen Teig verteilen und mit einer Teigkarte verstreichen. Das Backblech wieder in den heißen Backofen schieben und das Gebäck in **10–15 Minuten fertig backen**.

7. Das Backblech auf einen Kuchenrost stellen und das Gebäck erkalten lassen. Dann das Gebäck in 30 Quadrate (etwa 6 x 6 cm) schneiden und die Quadrate diagonal halbieren.

Tipp: Besprenkeln Sie die fertigen Nussecken mit 50 g aufgelöster Zartbitter-Schokolade.

Marzipan-Sesam-Streifen

Zubereitungszeit: 20 Minuten
Backzeit: 12–15 Minuten
Haltbarkeit: 2–3 Wochen in gut schließenden Dosen
Insgesamt: E: 69 g, F: 303 g, Kh: 323 g, kJ: 18023, kcal: 4307, BE: 27,0

Etwa 80 Stück

Zutaten
Für den Rührteig:
200 g	Marzipan-Rohmasse
200 g	weiche Butter
50 g	Zucker
1 Prise	Salz
1 Pck.	Dr. Oetker Bourbon-Vanille-Zucker
1	Eigelb (Größe M)
200 g	Weizenmehl
½ gestr. TL	Dr. Oetker Backin

Für den Belag:
1	Eiweiß (Größe M)
100 g	geschälte Sesamsamen
40 g	brauner Zucker (Kandisfarin)

1. Für den Teig Marzipan auf der Haushaltsreibe raspeln oder fein schneiden. Den Backofen vorheizen.
Ober-/Unterhitze: etwa 200 °C
Heißluft: etwa 180 °C

2. Butter und Marzipan mit Handrührgerät mit Rührbesen auf höchster Stufe geschmeidig rühren. Nach und nach Zucker, Salz und Vanille-Zucker unterrühren. So lange rühren, bis eine gebundene Masse entstanden ist. Eigelb unterrühren.

3. Mehl mit Backpulver mischen und in 2 Portionen auf mittlerer Stufe kurz unterrühren. Den Teig auf einem Backblech (30 x 40 cm, gefettet) verteilen und gleichmäßig mit einer Teigkarte verstreichen.

4. Für den Belag Eiweiß mit einer Gabel verschlagen und auf den Teig streichen. Nacheinander Sesamsamen und Zucker auf den Teig streuen. Das Backblech in den vorgeheizten Backofen schieben und den Teig **12–15 Minuten backen.**

5. Die heiße Gebäckplatte sofort nach dem Backen in Streifen (etwa 3 x 5 cm) schneiden. Das Backblech auf einen Kuchenrost stellen. Die Marzipan-Sesam-Streifen auf dem Backblech erkalten lassen.

Pinienstreuselplätzchen
(Titelrezept)

Zubereitungszeit: etwa 30 Minuten
Backzeit: etwa 12 Minuten
Haltbarkeit: etwa 3 Wochen in gut schließenden Dosen
Insgesamt: E: 41 g, F: 122 g, Kh: 288 g, kJ: 10193, kcal: 2433, BE: 24,0

Etwa 30 Stück

Zutaten
Für den Streuselteig:
200 g	Weizenmehl
1 gestr. TL	Dr. Oetker Backin

1. Den Backofen vorheizen.
Ober-/Unterhitze: etwa 200 °C
Heißluft: etwa 180 °C

(Fortsetzung Seite 13)

60 g	gemahlene Pinienkerne
100 g	Zucker
1 Pck.	Dr. Oetker Vanillin-Zucker
1	Ei (Größe M)
100 g	weiche Butter

Für den Belag:

etwa 3 EL	Himbeer- oder Erdbeer-Fruchtaufstrich

2. Für den Teig Mehl mit Backpulver in einer Rührschüssel mischen. Restliche Zutaten für den Teig hinzufügen und mit Handrührgerät mit Rührbesen erst kurz auf niedrigster, dann auf höchster Stufe zu feinen Streuseln verarbeiten.

3. Einen Backrahmen (24 x 30 cm) auf ein Backblech (gefettet, mit Backpapier belegt) stellen. Die Streusel auf dem Backblech verteilen.

4. Fruchtaufstrich glatt rühren. Streuselfläche mit einem Messer leicht angedeutet in 30 Rechtecke (je 4 x 5 cm) einteilen und je einen kleinen Klecks Fruchtaufstrich daraufgeben. Das Backblech in den vorgeheizten Backofen schieben und die Streuselplatte **etwa 12 Minuten backen**.

5. Das Backblech auf einen Kuchenrost stellen. Den Backrahmen vorsichtig mit einem Messer lösen und entfernen. Das noch warme Gebäck mit einem Sägemesser in Rechtecke (4 x 5 cm) schneiden und auf dem Backblech erkalten lassen.

Haselnuss-Splitter

Zubereitungszeit: 25 Minuten, ohne Abkühlzeit
Backzeit: 15–20 Minuten
Haltbarkeit: 2–3 Wochen in gut schließenden Dosen
Insgesamt: E: 39 g, F: 256 g, Kh: 234 g, kJ: 14191, kcal: 3393, BE: 19,5

Etwa 60 Stück

Zutaten
Für den All-in-Teig:

100 g	gemahlene Haselnusskerne
100 g	Dinkelmehl (Type 630)
½ gestr. TL	Dr. Oetker Backin
1 Prise	Salz
100 g	Zucker
30 g	Zuckerrübensirup (Rübenkraut)
1 Pck.	Dr. Oetker Vanillin-Zucker
80 g	Crème fraîche
120 g	weiche Butter

Für den Belag:

100 g	gehobelte Haselnusskerne
1 EL	Zucker

1. Für den Teig gemahlene Haselnusskerne in einer Pfanne ohne Fett goldbraun rösten und auf einem Teller erkalten lassen. Den Backofen vorheizen.
Ober-/Unterhitze: etwa 200 °C
Heißluft: etwa 180 °C

2. Mehl mit gerösteten Nusskernen und Backpulver in einer Rührschüssel mischen. Restliche Zutaten hinzufügen und mit Handrührgerät mit Rührbesen erst kurz auf niedrigster, dann auf höchster Stufe zu einem Teig verarbeiten.

3. Den Teig auf ein Backblech (30 x 40 cm, gefettet) geben und mit einer Teigkarte glatt streichen. Erst gehobelte Haselnusskerne, dann Zucker auf den Teig streuen. Das Backblech in den vorgeheizten Backofen schieben und den Teig **15–20 Minuten backen**.

4. Das Backblech auf einen Kuchenrost stellen und etwas abkühlen lassen. Dann die Gebäckplatte noch lauwarm in Rechtecke (etwa 4 x 5 cm) schneiden (das Gebäck splittert, wenn es kalt geschnitten wird).

Fruchtige Shortbread-Streifen

Zubereitungszeit: 30 Minuten
Backzeit: 20–25 Minuten
Haltbarkeit: etwa 3 Wochen in gut schließenden Dosen
Insgesamt: E: 45 g, F: 226 g, Kh: 523 g, kJ: 18259, kcal: 4365, BE: 43,5

Etwa 50 Stück

Zutaten
Für den Knetteig:
100 g	Orangeat
50 g	kandierter Ingwer
1	Bio-Limette (unbehandelt, ungewachst)
370 g	Weizenmehl
30 g	Speisestärke
120 g	Zucker
1 Prise	Salz
1	Ei (Größe M)
250 g	Butter oder Margarine

Für Guss und Garnierung:
100 g	Puderzucker
1–2 EL	Wasser oder Zitronensaft Zuckersterne oder -herzen

1. Für den Teig Orangeat und Ingwer fein hacken. Die Limette heiß abspülen, abtrocknen und die Schale abreiben. Die Limette auspressen. Ingwer mit Orangeat und Limettenschale mischen. Den Backofen vorheizen.
Ober-/Unterhitze: etwa 180 °C
Heißluft: etwa 160 °C

2. Mehl mit Speisestärke in einer Rührschüssel mischen. Orangeat-Ingwer-Mischung, Limettensaft und die restlichen Zutaten hinzufügen und mit Handrührgerät mit Knethaken zunächst kurz auf niedrigster, dann auf höchster Stufe gut durcharbeiten. Anschließend den Teig auf der leicht bemehlten Arbeitsfläche kurz verkneten.

3. Den Teig auf einem Backblech (30 x 40 cm, gefettet) ausrollen. Mit einem gezackten Teigrädchen ein dichtes, diagonales Karo leicht in den Teig einrollen. Das Backblech in den vorgeheizten Backofen schieben und den Teig **20–25 Minuten backen**.

4. Das Backblech auf einen Kuchenrost stellen und das Gebäck etwas abkühlen lassen. Dann das Gebäck in Streifen (etwa 4 x 6 cm) schneiden und vollständig erkalten lassen.

5. Für den Guss Puderzucker mit so viel Wasser oder Zitronensaft verrühren, dass ein dickflüssiger Guss entsteht. Guss in einen kleinen Gefrierbeutel füllen, eine Ecke abschneiden und dicke Streifen über das Gebäck spritzen. Den Guss sofort mit Zuckersternen oder -herzen bestreuen und fest werden lassen.

Orangen-Anis-Streusel-Brocken

Zubereitungszeit: 30 Minuten
Backzeit: etwa 12 Minuten
Haltbarkeit: 3–4 Wochen in gut schließenden Dosen
Insgesamt: E: 34 g, F: 153 g, Kh: 421 g, kJ: 13467, kcal: 3218, BE: 35,0

Etwa 48 Stück

Zutaten
Für den Streuselteig:
270 g	Weizenmehl
½ gestr. TL	Dr. Oetker Backin
1 EL	Hartweizengrieß (10 g)
100 g	Zucker
1 Prise	Salz
1 Pck.	Dr. Oetker Vanillin-Zucker
2 Pck.	Dr. Oetker Finesse Orangenschalen-Aroma
1	Eigelb (Größe M)
150 g	Butter oder Margarine
1 EL	kaltes Wasser

Für den Karamell:
100 g	Zucker
20 g	Butter
15 g	Anissamen (erhältlich im Bio-Laden, im Asia-Laden oder in der Apotheke)

1. Den Backofen vorheizen.
Ober-/Unterhitze: etwa 200 °C
Heißluft: etwa 180 °C

2. Für den Teig Mehl mit Backpulver und Grieß in einer Rührschüssel mischen. Restliche Zutaten für den Teig hinzufügen und mit Handrührgerät mit Rührbesen zunächst kurz auf niedrigster, dann auf höchster Stufe zu feinen Streuseln verarbeiten. Die Streusel gleichmäßig auf einem Backblech (30 x 40 cm, gefettet, mit Backpapier belegt) verteilen.

3. Für den Karamell Zucker in einem Topf langsam hellbraun karamellisieren lassen. Butter und Anis kurz unterrühren. Topf von der Kochstelle nehmen und die Karamellmasse sofort und zügig mit einem Kochlöffel über die Streusel träufeln. Das Backblech in den vorgeheizten Backofen schieben und die Streuselplatte **etwa 12 Minuten backen**.

4. Das Backblech auf einen Kuchenrost stellen. Die Gebäckplatte etwas abkühlen lassen und noch lauwarm mit einem Sägemesser in Quadrate (etwa 5 x 5 cm) schneiden.

Sonnenblumen-Kürbiskern-Knusperchen

Zubereitungszeit: 20 Minuten
Backzeit: etwa 12 Minuten
Haltbarkeit: etwa 2 Wochen in gut schließenden Dosen
Insgesamt: E: 68 g, F: 169 g, Kh: 172 g, kJ: 10373, kcal: 2478, BE: 14,5

Etwa 48 Stück

Zutaten
Für die Körnermasse:

40 g	Butter
1	Bio-Zitrone (unbehandelt, ungewachst)
170 g	Sonnenblumenkerne
100 g	Kürbiskerne
120 g	Zucker
20 g	Weizenmehl
1	Eigelb (Größe M)

1. Für die Masse Butter zerlassen und abkühlen lassen. Zitrone heiß abspülen, abtrocknen und die Schale auf einer Küchenreibe dünn abreiben. Zitrone auspressen. Den Backofen vorheizen.
Ober-/Unterhitze: etwa 200 °C
Heißluft: etwa 180 °C

2. Sonnenblumenkerne mit Kürbiskernen, Zitronenschale, Zucker und Mehl mischen. Flüssige Butter, 2–3 Esslöffel Zitronensaft und Eigelb unterrühren.

3. Die Masse auf einem Backblech (30 x 40 cm, gefettet, mit Backpapier belegt) verteilen und mit einem Löffel gleichmäßig verstreichen. Das Backblech in den vorgeheizten Backofen schieben und die Körnerplatte **etwa 12 Minuten backen**.

4. Das Backblech auf einen Kuchenrost stellen und das Gebäck etwas abkühlen lassen. Dann die noch lauwarme Platte mit einem Messer vorsichtig in Quadrate (5 x 5 cm) schneiden und vollständig abkühlen lassen.

Tipp: Das lauwarme Gebäck mit Raspelschokolade oder gehackter weißer Schokolade (Foto) bestreuen.

Mohn-Kokos-Kekse mit Kirschfüllung

Zubereitungszeit: 30 Minuten
Backzeit: etwa 25 Minuten
Haltbarkeit: 2–3 Wochen in gut schließenden Dosen
Insgesamt: E: 41 g, F: 203 g, Kh: 390 g, kJ: 14967, kcal: 3576, BE: 32,5

Etwa 60 Stück

Zutaten

Für den All-in-Teig:
250 g	Weizenmehl
½ gestr. TL	Dr. Oetker Backin
30 g	Mohn
100 g	Zucker
1 Prise	Salz
170 g	weiche Butter oder Margarine
1	Ei (Größe M)
1 EL	kaltes Wasser

Für Füllung und Belag:
50 g	Kokosraspel
1 Pck.	Dr. Oetker Vanillin-Zucker
150 g	Sauerkirschkonfitüre

1. Den Backofen vorheizen.
Ober-/Unterhitze: etwa 180 °C
Heißluft: etwa 160 °C

2. Für den Teig Mehl mit Backpulver in einer Rührschüssel mischen. Restliche Zutaten hinzufügen und mit Handrührgerät mit Rührbesen erst kurz auf niedrigster, dann auf höchster Stufe zu einem Teig verarbeiten. Ein Drittel des Teiges für die Streusel abnehmen und kalt stellen.

3. Restlichen Teig auf einem Backblech (30 x 40 cm, gefettet) verteilen und gleichmäßig mit einer Teigkarte verstreichen. Das Backblech in den vorgeheizten Backofen schieben und den Teig **etwa 10 Minuten vorbacken**.

4. Kokosraspel und Vanillin-Zucker zum restlichen Teig geben. Die Zutaten mit Handrührgerät mit Rührbesen erst kurz auf niedrigster, dann auf höchster Stufe verühren, so dass kleine Streusel entstehen. Kirschkonfitüre nach Belieben pürieren oder durch ein Sieb streichen.

5. Das Backblech auf einen Kuchenrost stellen. Die Konfitüre auf die heiße Gebäckplatte streichen. Die Streusel gleichmäßig darauf verteilen. Das Backblech wieder in den Backofen schieben und das Gebäck in **etwa 15 Minuten fertig backen.**

6. Das Backblech auf einen Kuchenrost stellen und das Gebäck darauf erkalten lassen. Anschließend das Gebäck mit einem Sägemesser in Rechecke (etwa 4 x 5 cm) schneiden.

Walnuss-Schoko-Taler

Zubereitungszeit: 30 Minuten, ohne Kühlzeit
Backzeit: etwa 12 Minuten je Backblech
Haltbarkeit: 3–4 Wochen in gut schließenden Dosen
Insgesamt: E: 42 g, F: 200 g, Kh: 294 g, kJ: 13182, kcal: 3150, BE: 24,5

Etwa 70 Stück

Zutaten

Für den Knetteig:

100 g	weiße Schokolade
100 g	Walnusskerne
150 g	Weizenmehl
½ gestr. TL	Dr. Oetker Backin
50 g	gesiebter Puderzucker
1 Prise	Salz
1 Pck.	Dr. Oetker Bourbon-Vanille-Zucker
1	Eigelb (Größe M)
100 g	Butter oder Margarine
2 EL	kaltes Wasser

Zum Garnieren:

50 g	Zartbitter-Schokolade
	bunte Zuckerblumen

1. Für den Teig Schokolade und Walnusskerne hacken. Mehl mit Backpulver und Puderzucker in einer Rührschüssel mischen. Restliche Zutaten, Schokolade und Walnusskerne hinzufügen und mit Handrührgerät mit Knethaken zunächst kurz auf niedrigster, dann auf höchster Stufe gut durcharbeiten.

2. Anschließend den Teig auf der leicht bemehlten Arbeitsfläche kurz verkneten. Aus dem Teig zwei etwa 20 cm lange Rollen formen. Die Rollen in Folie gewickelt etwa 2 Stunden kalt stellen.

3. Den Backofen vorheizen.
Ober-/Unterhitze: etwa 180 °C
Heißluft: etwa 160 °C

4. Die Teigrollen mit einem Sägemesser in gut ½ cm dicke Scheiben schneiden. Dabei die Rollen immer wieder drehen, damit die Scheiben gleichmäßig abgeschnitten werden. Die Teigscheiben auf zwei Backbleche (mit Backpapier belegt) legen.

5. Die Backbleche nacheinander (bei Heißluft zusammen) in den vorgeheizten Backofen schieben und die Taler **etwa 12 Minuten backen**.

6. Das Backpapier mit den Talern von den Backblechen auf Kuchenroste ziehen und erkalten lassen.

7. Zum Garnieren Schokolade in Stücke brechen, in einem Topf im Wasserbad bei schwacher Hitze unter Rühren schmelzen. Schokolade dünn über die Taler sprenkeln und sofort mit den Zuckerblumen bestreuen. Schokolade fest werden lassen.

Shortbread-Scheiben

Zubereitungszeit: 30 Minuten, ohne Kühlzeit
Backzeit: 12–15 Minuten je Backblech
Haltbarkeit: etwa 3 Wochen in gut schließenden Dosen
Insgesamt: E: 40 g, F: 182 g, Kh: 397 g, kJ: 14289, kcal: 3415, BE: 33,0

Etwa 60 Stück

Zutaten
Für den Knetteig:
300 g	Weizenmehl
30 g	Hartweizengrieß
120 g	Zucker
1 Pck.	Dr. Oetker Vanillin-Zucker
½ gestr. TL	Salz
2	Eigelb (Größe M)
200 g	Butter oder Margarine
2 EL	kaltes Wasser

Zum Wälzen:
2 EL	Zucker

1. Für den Teig die Zutaten in eine Rührschüssel geben und mit Handrührgerät mit Knethaken auf höchster Stufe gut durcharbeiten. Anschließend den Teig auf der leicht bemehlten Arbeitsfläche kurz verkneten. Aus dem Teig zwei je 25 cm lange Rollen formen und in Frischhaltefolie gewickelt etwa 2 Stunden kalt stellen.

2. Den Backofen vorheizen.
Ober-/Unterhitze: etwa 180 °C
Heißluft: etwa 160 °C

3. Die Teigrollen mit Wasser bestreichen und in Zucker wälzen. Teigrollen mit einem Sägemesser in knapp 1 cm dicke Scheiben schneiden. Dabei die Rollen immer wieder drehen, damit die Scheiben gleichmäßig abgeschnitten werden.

4. Die Teigscheiben auf zwei Backbleche (mit Backpapier belegt) legen. Nach Belieben mit einer Gabel ein Muster in die Teigscheiben stechen. Die Backbleche nacheinander (bei Heißluft zusammen) in den vorgeheizten Backofen schieben und die Scheiben **12–15 Minuten backen**.

5. Die Backbleche auf Kuchenroste stellen. Das Gebäck etwa 5 Minuten auf den Backblechen abkühlen lassen. Dann das Gebäck mit dem Backpapier von den Backblechen auf Kuchenroste ziehen und erkalten lassen.

Tipp: Wenn es schnell gehen soll, können Sie die Teigrollen etwa ½ Stunde ins Gefrierfach legen, statt sie kalt zu stellen.

Bunte Pistazientaler
(Titelrezept)

Zubereitungszeit: 40 Minuten, ohne Gefrier- und Abkühlzeit
Backzeit: etwa 10 Minuten je Backblech
Haltbarkeit: 3–4 Wochen in gut schließenden Dosen
Insgesamt: E: 27 g, F: 104 g, Kh: 272 g, kJ: 9012, kcal: 2153, BE: 22,5

Etwa 30 Stück

Zutaten
Für den Knetteig:
125 g	Weizenmehl
25 g	Hartweizengrieß
60 g	Zucker
2 Pck.	Dr. Oetker Vanillin-Zucker
1	Eigelb (Größe M)
100 g	Butter oder Margarine
1 EL	Weißwein oder Apfelsaft

Zum Wälzen und Bestreichen:
1 Pck. (25 g)	gehackte Pistazienkerne
1 TL	Zucker
1	Eiweiß (Größe M)

Für Guss und Garnierung:
etwa 75 g	Puderzucker
etwa 1 EL	Zitronensaft
	Konfettitaler
	(aus Esspapier)

1. Für den Teig Mehl mit Grieß in einer Rührschüssel mischen. Zucker, Vanillin-Zucker, Eigelb, Butter oder Margarine und Wein oder Apfelsaft hinzufügen. Die Zutaten mit Handrührgerät mit Knethaken zunächst kurz auf niedrigster, dann auf höchster Stufe gut durcharbeiten.

2. Anschließend den Teig auf der leicht bemehlten Arbeitsfläche kurz verkneten. Aus dem Teig zwei etwa 25 cm lange Rollen formen. Rollen in Frischhaltefolie wickeln, mindestens 30 Minuten in den Gefrierschrank legen und anfrieren lassen.

3. Den Backofen vorheizen.
Ober-/Unterhitze: etwa 180 °C
Heißluft: etwa 160 °C

4. Zum Wälzen und Bestreichen Pistazienkerne mit Zucker mischen. Die Teigrollen zuerst mit verschlagenem Eiweiß bestreichen und dann in dem Pistazien-Zucker-Gemisch wälzen.

5. Die Teigrollen mit einem Sägemesser in gut $\frac{1}{2}$ cm dicke Scheiben schneiden. Dabei die Teigrollen immer wieder drehen, damit die Scheiben gleichmäßig abgeschnitten werden.

6. Die Teigscheiben auf Backbleche (mit Backpapier belegt) legen. Die Backbleche nacheinander (bei Heißluft zusammen) in den vorgeheizten Backofen schieben und die Taler **etwa 10 Minuten backen**.

7. Die Gebäcktaler mit dem Backpapier von den Backblechen auf Kuchenroste ziehen und erkalten lassen.

8. Für den Guss Puderzucker mit Zitronensaft zu einer dickflüssigen Masse verrühren. Jeweils einen Klecks des Gusses mit Hilfe eines Teelöffels in die Mitte der Gebäcktaler geben und sofort mit Konfettitalern bestreuen. Guss fest werden lassen.

Ghana-Taler

Zubereitungszeit: 25 Minuten, ohne Kühlzeit
Backzeit: etwa 12 Minuten je Backblech
Haltbarkeit: 3–4 Wochen in gut schließenden Dosen
Insgesamt: E: 69 g, F: 265 g, Kh: 552 g, kJ: 20476, kcal: 4893, BE: 46,0

Etwa 150 Stück

Zutaten
Für den Knetteig:

250 g	Weizenmehl
2 geh. EL (35 g)	Kakaopulver
1 gestr. TL	Dr. Oetker Backin
250 g	Zucker
1 Pck.	Dr. Oetker Vanillin-Zucker
1 gestr. TL	gemahlener Zimt
1	Ei (Größe M)
200 g	Butter oder Margarine
150 g	abgezogene, gemahlene Mandeln

Zum Bestreichen und Bestreuen:

2–3 EL	Milch
etwa 100 g	Hagelzucker

1. Für den Teig Mehl mit Kakao und Backpulver in einer Rührschüssel mischen. Zucker, Vanillin-Zucker, Zimt, Ei und Butter oder Margarine hinzufügen. Die Zutaten mit Handrührgerät mit Knethaken zunächst kurz auf niedrigster, dann auf höchster Stufe gut durcharbeiten.

2. Anschließend den Teig auf der leicht bemehlten Arbeitsfläche kurz verkneten und Mandeln unterarbeiten. Den Teig zu drei etwa 30 cm langen Rollen formen und in Frischhaltefolie gewickelt etwa 2 Stunden oder über Nacht kalt stellen.

3. Den Backofen vorheizen.
Ober-/Unterhitze: etwa 200 °C
Heißluft: etwa 180 °C

4. Teigrollen in etwa ½ cm dicke Scheiben schneiden und auf Backbleche (mit Backpapier belegt) legen. Teigtaler mit Milch bestreichen und mit Hagelzucker bestreuen. Die Backbleche nacheinander (bei Heißluft zusammen) in den vorgeheizten Backofen schieben und die Taler **etwa 12 Minuten backen**.

5. Die Taler mit dem Backpapier von den Backblechen auf Kuchenroste ziehen und erkalten lassen.

Tipp: Statt Hagelzucker können auch gehackte Pistazienkerne und abgezogene, gehackte Mandeln verwendet werden (Foto).
Wenn es schneller gehen soll, können Sie die Rollen etwa ½ Stunde in das Gefrierfach legen, statt sie einige Stunden kalt zu stellen.

Lebkuchen-Pecan-Quadrate

Zubereitungszeit: 25 Minuten, ohne Kühlzeit
Backzeit: etwa 15 Minuten je Backblech
Haltbarkeit: 3–4 Wochen in gut schließenden Dosen
Insgesamt: E: 39 g, F: 242 g, Kh: 274 g, kJ: 14386, kcal: 3437, BE: 23,0

Etwa 70 Stück

Zutaten
Für den Knetteig:

150 g	Pecannusskerne
200 g	Weizenmehl
½ gestr. TL	Dr. Oetker Backin
2–3 gestr. TL	Lebkuchengewürz
60 g	Zucker
1 Prise	Salz
½ Pck.	Dr. Oetker Finesse Geriebene Zitronenschale
70 g	flüssiger Honig
1	Eigelb (Größe M)
150 g	Butter oder Margarine

1. Für den Teig Nusskerne hacken. Mehl mit Backpulver und Lebkuchengewürz in einer Rührschüssel mischen. Restliche Zutaten und die Nusskerne hinzufügen und mit Handrührgerät mit Knethaken zunächst kurz auf niedrigster, dann auf höchster Stufe gut durcharbeiten.

2. Anschließend den Teig auf der leicht bemehlten Arbeitsfläche kurz verkneten. Aus dem Teig zwei quadratische Stangen (je etwa 4 x 4 x 20 cm) formen. Die Teigstangen in Folie gewickelt etwa 2 Stunden kalt stellen.

3. Den Backofen vorheizen.
Ober-/Unterhitze: etwa 180 °C
Heißluft: etwa 160 °C

4. Die Teigstangen mit einem Sägemesser in gut ½ cm dicke Scheiben schneiden. Dabei die Stangen immer wieder drehen, damit die Scheiben gleichmäßig abgeschnitten werden.

5. Die Teigscheiben auf zwei Backbleche (mit Backpapier belegt) legen. Die Backbleche nacheinander (bei Heißluft zusammen) in den vorgeheizten Backofen schieben und die Kekse **etwa 15 Minuten backen.**

6. Die Kekse mit dem Backpapier von den Backblechen auf Kuchenroste ziehen und erkalten lassen.

Tipp: Die Pecannusskerne können durch Walnuss- oder Haselnusskerne ersetzt werden.

Kokostaler

Zubereitungszeit: 20 Minuten, ohne Kühlzeit
Backzeit: 12–15 Minuten je Backblech
Haltbarkeit: 3–4 Wochen in gut schließenden Dosen
Insgesamt: E: 46 g, F: 344 g, Kh: 455 g, kJ: 21415, kcal: 5117, BE: 38,0

Etwa 100 Stück

Zutaten
Für den Knetteig:

275 g	Weizenmehl
½ gestr. TL	Dr. Oetker Backin
250 g	Zucker
1 Pck.	Dr. Oetker Vanillin-Zucker
5 Tropfen	Bittermandel-Aroma
1	Ei (Größe M)
250 g	weiche Butter
200 g	Kokosraspel

Zum Bestreichen:

2–3 EL	Milch

1. Für den Teig Mehl mit Backpulver in einer Rührschüssel mischen. Zucker, Vanillin-Zucker, Aroma, Ei und Butter hinzufügen. Die Zutaten mit Handrührgerät mit Knethaken zunächst kurz auf niedrigster, dann auf höchster Stufe gut durcharbeiten. Kokosraspel zuletzt unterarbeiten.

2. Anschließend den Teig auf der leicht bemehlten Arbeitsfläche kurz verkneten und zu drei etwa 25 cm langen Rollen formen. Die Rollen in Frischhaltefolie gewickelt etwa 2 Stunden oder über Nacht kalt stellen.

3. Den Backofen vorheizen.
Ober-/Unterhitze: etwa 180 °C
Heißluft: etwa 160 °C

4. Teigrollen in gut ½ cm dicke Scheiben schneiden und auf Backbleche (mit Backpapier belegt) legen, dabei die Rollen immer wieder drehen, damit die Scheiben gleichmäßig werden.

5. Teigplätzchen mit Milch bestreichen. Die Backbleche nacheinander (bei Heißluft zusammen) in den vorgeheizten Backofen schieben und die Taler **12–15 Minuten backen**.

6. Die Kokostaler mit dem Backpapier von den Backblechen auf Kuchenroste ziehen und erkalten lassen.

Tipp: Nur die Hälfte der Teigtaler vor dem Backen mit Milch bestreichen. Die restlichen Teigtaler nach dem Backen mit 50 g aufgelöster Zartbitter-Kuvertüre besprenkeln (Foto).
Wenn es schneller gehen soll, können Sie die Rollen etwa ½ Stunde in das Gefrierfach legen, statt sie einige Stunden kalt zu stellen.

Schoko-Macadamia-Stangen
(Titelrezept)

Zubereitungszeit: 45 Minuten, ohne Gefrier- und Abkühlzeit
Backzeit: 12–15 Minuten je Backblech
Haltbarkeit: 3–4 Wochen in gut schließenden Dosen
Insgesamt: E: 59 g, F: 249 g, Kh: 400 g, kJ: 17099, kcal: 4088, BE: 33,5

Etwa 60 Stück

Zutaten

Zum Vorbereiten:

100 g	Edelbitter-Schokolade (60 % Kakaoanteil)
100 g	Butter
75 g	getrocknete Kirschen
100 g	Macadamia-Nusskerne

Für den Knetteig:

225 g	Weizenmehl
75 g	brauner Zucker (Kandisfarin)
1 Pck.	Dr. Oetker Bourbon-Vanille-Zucker
1 Prise	Salz
1	Ei (Größe M)

Für den Guss:

100 g	Edelbitter-Schokolade (60 % Kakaoanteil) oder weiße Schokolade
1 TL	Speiseöl

Zum Bestreuen:

	einige Zuckerherzen

1. Zum Vorbereiten Schokolade in Stücke brechen und mit Butter in einem kleinen Topf im Wasserbad bei schwacher Hitze unter Rühren schmelzen. Schokoladenmasse abkühlen lassen. Kirschen und Macadamia-Nusskerne hacken.

2. Für den Teig Mehl mit Zucker, Vanille-Zucker, Salz, Ei, Schokolade, gehackten Kirschen und Nusskernen in eine Rührschüssel geben. Die Zutaten mit Handrührgerät mit Knethaken zunächst kurz auf niedrigster, dann auf höchster Stufe gut durcharbeiten. Anschließend den Teig auf der leicht bemehlten Arbeitsfläche kurz verkneten.

3. Aus dem Teig drei etwa 20 cm lange, rechteckige Stangen (je etwa 5 x 2 cm) formen. Die Teigstangen in Frischhaltefolie gewickelt mindestens 30 Minuten in den Gefrierschrank legen und anfrieren lassen.

4. Den Backofen vorheizen.
Ober-/Unterhitze: etwa 180 °C
Heißluft: etwa 160 °C

5. Die Teigstangen mit einem scharfen Messer oder Sägemesser in knapp 1 cm dicke Scheiben schneiden. Dabei die Teigstangen immer wieder drehen, damit die Scheiben gleichmäßig abgeschnitten werden.

6. Die Teigscheiben auf Backbleche (mit Backpapier belegt) legen. Die Backbleche nacheinander (bei Heißluft zusammen) in den vorgeheizten Backofen schieben und die Stangen **12–15 Minuten backen**.

7. Die Keksstangen mit dem Backpapier von den Backblechen auf Kuchenroste ziehen und erkalten lassen.

8. Für den Guss Schokolade in Stücke brechen und mit Speiseöl in einem kleinen Topf im Wasserbad bei schwacher Hitze unter Rühren schmelzen. Jeweils ein Ende der Keksstangen in die Schokolade tauchen, gut abtropfen lassen und sofort mit Zuckerherzen bestreuen. Die Keksstangen auf Backpapier legen und die Schokolade fest werden lassen.

Kandiskekse

Zubereitungszeit: 30 Minuten, ohne Kühlzeit
Backzeit: etwa 15 Minuten je Backblech
Haltbarkeit: 2–3 Wochen in gut schließenden Dosen
Insgesamt: E: 35 g, F: 143 g, Kh: 321 g, kJ: 11434, kcal: 2734, BE: 27,0

Etwa 80 Stück

Zutaten
Für den Knetteig:
300 g	Weizenmehl
½ gestr. TL	Dr. Oetker Backin
70 g	brauner Grümmelkandis
1 Prise	Salz
150 g	saure Sahne
150 g	Butter

Zum Bestreuen:
30 g	brauner Grümmelkandis

1. Für den Teig Mehl mit Backpulver in einer Rührschüssel mischen. Kandis, Salz, saure Sahne und Butter hinzufügen. Die Zutaten mit Handrührgerät mit Knethaken zunächst kurz auf niedrigster, dann auf höchster Stufe gut durcharbeiten.

2. Anschließend den Teig auf der leicht bemehlten Arbeitsfläche kurz verkneten. Aus dem Teig zwei etwa 20 cm lange Rollen formen. Die Teigrollen in Frischhaltefolie gewickelt etwa 2 Stunden kalt stellen.

3. Den Backofen vorheizen.
Ober-/Unterhitze: etwa 180 °C
Heißluft: etwa 160 °C

4. Die Teigrollen mit einem Sägemesser in etwa ½ cm dicke Scheiben schneiden. Dabei die Rollen immer wieder drehen, damit die Scheiben gleichmäßig abgeschnitten werden.

5. Die Teigscheiben auf zwei Backbleche (mit Backpapier belegt) legen und mit Kandis bestreuen. Die Backbleche nacheinander (bei Heißluft zusammen) in den vorgeheizten Backofen schieben und die Kekse **etwa 15 Minuten backen**.

6. Die Backbleche auf Kuchenroste stellen. Die Kekse etwa 5 Minuten auf den Backblechen abkühlen lassen. Dann die Kekse mit dem Backpapier von den Backblechen auf Kuchenroste ziehen und erkalten lassen.

Tipp: Wenn es schnell gehen soll, können Sie die Teigrollen etwa ½ Stunde ins Gefrierfach legen, statt sie kalt zu stellen.

Mandel-Curry-Kekse

Zubereitungszeit: 25 Minuten, ohne Kühlzeit
Backzeit: etwa 15 Minuten je Backblech
Haltbarkeit: 3–4 Wochen in gut schließenden Dosen
Insgesamt: E: 44 g, F: 145 g, Kh: 268 g, kJ: 10729, kcal: 2564, BE: 22,5

Etwa 80 Stück

Zutaten
Für den Knetteig:

30 g	kandierter Ingwer
1–2 gestr. TL	Currypulver
100 g	abgezogene, gemahlene Mandeln
170 g	Weizenmehl
½ gestr. TL	Dr. Oetker Backin
120 g	brauner Zucker (Kandisfarin)
1 Prise	Salz
1	Ei (Größe M)
100 g	Butter oder Margarine

1. Für den Teig den Ingwer fein hacken und mit Curry und Mandeln mischen. Mehl mit Backpulver in einer Rührschüssel mischen. Mandel-Curry-Mischung und die restlichen Zutaten hinzufügen und mit Handrührgerät mit Knethaken zunächst kurz auf niedrigster, dann auf höchster Stufe gut durcharbeiten.

2. Anschließend den Teig auf der leicht bemehlten Arbeitsfläche kurz verkneten. Aus dem Teig zwei quadratische Stangen (je 23 cm Länge) formen. Die Stangen in Frischhaltefolie gewickelt etwa 2 Stunden kalt stellen.

3. Den Backofen vorheizen.
Ober-/Unterhitze: etwa 180 °C
Heißluft: etwa 160 °C

4. Die Teigstangen mit einem Sägemesser in gut ½ cm dicke Scheiben schneiden. Dabei die Stangen immer wieder drehen, damit die Scheiben gleichmäßig abgeschnitten werden.

5. Die Teigscheiben auf zwei Backbleche (mit Backpapier belegt) legen. Die Backbleche nacheinander (bei Heißluft zusammen) in den vorgeheizten Backofen schieben und die Kekse **etwa 15 Minuten backen**.

6. Die Kekse mit dem Backpapier von den Backblechen auf Kuchenroste ziehen und erkalten lassen.

Mokkastangen

Zubereitungszeit: 30 Minuten, ohne Kühlzeit
Backzeit: 15–20 Minuten je Backblech
Haltbarkeit: 3–4 Wochen in gut schließenden Dosen
Insgesamt: E: 29 g, F: 107 g, Kh: 284 g, kJ: 9349, kcal: 2235, BE: 23,5

Etwa 48 Stück

Zutaten

Für den Knetteig:

10 g	Kaffeebohnen
1–2 TL	Instant-Espresso-Pulver
1 EL	heißes Wasser
200 g	Weizenmehl
½ gestr. TL	Dr. Oetker Backin
100 g	Zucker
1 Prise	Salz
1 Pck.	Dr. Oetker Vanillin-Zucker
1	Eigelb (Größe M)
2 EL	Milch
100 g	Butter oder Margarine

Zum Garnieren:

50 g	Schoko-Mokkabohnen

1. Für den Teig Kaffeebohnen im Zerkleinerer fein hacken. Espresso-Pulver mit Wasser verrühren. Den Backofen vorheizen.
Ober-/Unterhitze: etwa 180 °C
Heißluft: etwa 160 °C

2. Mehl mit Backpulver in einer Rührschüssel mischen. Gehackte Kaffeebohnen, angerührtes Espresso-Pulver und restliche Zutaten hinzufügen und mit Hand-rührgerät mit Knethaken zunächst kurz auf niedrigster, dann auf höchster Stufe gut durcharbeiten. Anschließend den Teig auf der leicht bemehlten Arbeitsfläche kurz verkneten.

3. Aus dem Teig 8 dünne Rollen (je 30 cm Länge) formen. Die Rollen in Frisch-haltefolie gewickelt 1–2 Stunden kalt stellen.

4. Die Rollen in je 6 etwa 5 cm lange Stücke schneiden und auf zwei Backbleche (mit Backpapier belegt) legen. Die Backbleche nacheinander (bei Heißluft zusam-men) in den vorgeheizten Backofen schieben und die Stangen **15–20 Minuten backen**.

5. Die Backbleche auf Kuchenroste stellen. Die heißen Mokkastangen mit den Mokkabohnen belegen und die Mokkabohnen leicht andrücken. Die Stangen erkalten lassen.

Tipp: Bestäuben Sie die lauwarmen Mokkastangen mit Puderzucker, statt sie mit Mokkabohnen zu garnieren.

Kokos-Mango-Cookies

Zubereitungszeit: 25 Minuten, ohne Quellzeit
Backzeit: etwa 20 Minuten je Backblech
Haltbarkeit: etwa 3 Wochen in gut schließenden Dosen
Insgesamt: E: 24 g, F: 154 g, Kh: 175 g, kJ: 9190, kcal: 2196, BE: 14,5

Etwa 40 Stück

Zutaten
Für den All-in-Teig:

50 g	getrocknete Mangostücke (erhältlich im Bioladen oder im Reformhaus)
1	Bio-Zitrone (unbehandelt, ungewachst)
3 EL	Wasser
100 g	Kokosraspel
90 g	Weizenmehl
½ gestr. TL	Dr. Oetker Backin
100 g	weiche Butter oder Margarine
1	Ei (Größe M)
70 g	Zucker
1 Prise	Salz

1. Mangostücke in etwa ½ cm breite Streifen schneiden. Zitrone heiß abspülen, abtrocknen und die Schale abreiben. Die Zitrone auspressen. 1–2 Esslöffel von dem Zitronensaft mit Zitronenschale und Wasser in einem kleinen Topf erhitzen und die Mangosstreifen darin 15 Minuten quellen lassen.

2. Anschließend Mangostreifen fein hacken und mit Kokosraspeln mischen. Den Backofen vorheizen.
Ober-/Unterhitze: etwa 160 °C
Heißluft: etwa 140 °C

3. Mehl mit Backpulver in einer Rührschüssel mischen. Mango-Kokos-Mischung und die restlichen Zutaten hinzufügen und alles mit Handrührgerät mit Rührbesen erst kurz auf niedrigster, dann auf höchster Stufe in etwa 2 Minuten zu einem Teig verarbeiten.

4. Den Teig mit zwei Teelöffeln in walnussgroßen Häufchen mit etwas Abstand auf zwei Backbleche (gefettet, mit Backpapier belegt) setzen. Die Backbleche nacheinander (bei Heißluft zusammen) in den vorgeheizten Backofen schieben und die Cookies **etwa 20 Minuten backen**.

5. Die Backbleche auf Kuchenroste stellen. Die Cookies darauf erkalten lassen. Anschließend die Cookies vom Backpapier nehmen.

Zimt-Nuss-Makronen

Zubereitungszeit: 30 Minuten
Backzeit: 20–25 Minuten je Backblech
Haltbarkeit: 2 Wochen in gut schließenden Dosen
Insgesamt: E: 42 g, F: 155 g, Kh: 276 g, kJ: 11126, kcal: 2659, BE: 23,0

Etwa 60 Stück

Zutaten
Für die Eiweißmasse:

3	Eiweiß (Größe M)
250 g	Zucker
150 g	gehackte Haselnusskerne
100 g	gemahlene Haselnusskerne
2 gestr. TL	Kakaopulver
2 Msp.	gemahlener Zimt

1. Für die Eiweißmasse Eiweiß mit Handrührgerät mit Rührbesen auf höchster Stufe so steif schlagen, dass ein Messerschnitt sichtbar bleibt. Nach und nach Zucker auf höchster Stufe kurz unterschlagen.

2. Gehackte und gemahlene Nusskerne, Kakao und Zimt kurz unterrühren. Den Backofen vorheizen.
Ober-/Unterhitze: etwa 140 °C
Heißluft: etwa 120 °C

3. Den Teig mit 2 Teelöffeln in kleinen Häufchen auf zwei Backbleche (gefettet, mit Backpapier belegt) setzen. Die Backbleche nacheinander (bei Heißluft zusammen) in den vorgeheizten Backofen schieben und die Makronen **20–25 Minuten backen**.

4. Die Makronen mit dem Backpapier von den Backblechen auf Kuchenroste ziehen und erkalten lassen.

Tipp: Die Hälfte der Makronen mit aufgelöster Schokolade besprenkeln und mit je einer Haselnuss garnieren (Foto).

Salzig-süße Macadamia-Brocken

Zubereitungszeit: 25 Minuten
Backzeit: 12–15 Minuten je Backblech
Haltbarkeit: 3–4 Wochen in gut schließenden Dosen
Insgesamt: E: 41 g, F: 206 g, Kh: 292 g, kJ: 13360, kcal: 3192, BE: 24,5

Etwa 60 Stück

Zutaten
Für den All-in-Teig:

100 g	Zartbitter-Schokolade
80 g	geröstete, gesalzene Macadamia-Nusskerne
170 g	Weizenmehl
20 g	Speisestärke
20 g	Kakaopulver
1 gestr. TL	Dr. Oetker Backin
100 g	Zucker
1 Pck.	Dr. Oetker Vanillin-Zucker
1	Ei (Größe M)
120 g	weiche Butter
	Hagelsalz

1. Für den Teig Schokolade und Macadamia-Nusskerne hacken. Den Backofen vorheizen.
Ober-/Unterhitze: etwa 180 °C
Heißluft: etwa 160 °C

2. Mehl mit Speisestärke, Kakao und Backpulver in einer Rührschüssel mischen. Restliche Zutaten außer Hagelsalz hinzufügen und mit Handrührgerät mit Rührbesen erst kurz auf niedrigster, dann auf höchster Stufe zu einem Teig verarbeiten.

3. Den Teig mit zwei Teelöffeln in walnussgroßen Häufchen auf zwei Backbleche (gefettet, mit Backpapier belegt) setzen und mit etwas Hagelsalz bestreuen. Die Backbleche nacheinander (bei Heißluft zusammen) in den vorgeheizten Backofen schieben und die Brocken **12–15 Minuten backen**.

4. Die Backbleche auf Kuchenroste stellen und das Gebäck darauf erkalten lassen.

Espressokekse
(Titelrezept)

Zubereitungszeit: 25 Minuten, ohne Abkühlzeit
Backzeit: etwa 10 Minuten
Haltbarkeit: etwa 2 Wochen in gut schließenden Dosen
Insgesamt: E: 28 g, F: 60 g, Kh: 136 g, kJ: 5016, kcal: 1198, BE: 11,5

Etwa 30 Stück

Zutaten
Für den Biskuitteig:

1	Ei (Größe M)
1	Eigelb (Größe M)

1. Für den Teig Ei und Eigelb mit Handrührgerät mit Rührbesen auf höchster Stufe in 1 Minute schaumig schlagen. Zucker und Vanillin-Zucker mischen, in 1 Minute einstreuen und noch etwa 1 Minute schlagen.

2. Mehl mit Speisestärke mischen, auf die Eiercreme geben und kurz auf niedrigster Stufe unterrühren. Mandeln unterheben. Den Backofen vorheizen.

(Fortsetzung Seite 49)

50 g	Zucker
1 Pck.	Dr. Oetker Vanillin-Zucker
50 g	Weizenmehl
20 g	Speisestärke
50 g	abgezogene, gemahlene Mandeln
1–2 TL	Instant-Espresso-Pulver

Für Guss und Garnierung:

50 g	Zartbitter-Schokolade evtl. Zuckerstreusel

Ober-/Unterhitze: etwa 180 °C
Heißluft: etwa 160 °C

3. Die Hälfte des Teiges mit zwei Teelöffeln in 30 kleinen Häufchen mit Abstand auf ein Backblech (gefettet, mit Backpapier belegt) geben (Teig verläuft etwas).

4. Restlichen Teig mit dem Espresso-Pulver verrühren und ebenfalls kleine Häufchen direkt an den hellen Teig geben. Das Backblech in den vorgeheizten Backofen schieben und die Kekse **etwa 10 Minuten backen.**

5. Die Kekse mit dem Backpapier vom Backblech auf einen Kuchenrost ziehen und erkalten lassen.

6. Für den Guss Schokolade in Stücke brechen und in einem Topf im Wasserbad bei schwacher Hitze unter Rühren schmelzen. Kekse damit besprenkeln oder Schokolade in Klecksen daraufgeben und sofort mit Zuckerstreuseln bestreuen.

Flocken-Cookies

Zubereitungszeit: 20 Minuten
Backzeit: 20–25 Minuten je Backblech
Haltbarkeit: etwa 2 Wochen in gut schließenden Dosen
Insgesamt: E: 27 g, F: 97 g, Kh: 223 g, kJ: 7936, kcal: 1892, BE: 18,5

Etwa 35 Stück

Zutaten
Für den Rührteig:

100 g	weiße Schokolade
50 g	Rosinen
70 g	weiche Butter oder Margarine
30 g	Zucker
1 Prise	Salz
1 gestr. TL	Dr. Oetker Finesse Orangenschalen-Aroma
1	Ei (Größe M)
100 g	zarte 5-Korn-Getreide- flocken (Hafer, Weizen, Roggen, Gerste, Dinkel)
30 g	Weizenmehl

1. Für den Teig weiße Schokolade und Rosinen fein hacken. Butter oder Margarine mit Handrührgerät mit Rührbesen auf höchster Stufe geschmeidig rühren. Nach und nach Zucker, Salz und Aroma unterrühren. So lange rühren, bis eine gebundene Masse entstanden ist.

2. Das Ei etwa 1/2 Minute unterrühren. Schokolade, Rosinen, Mehl und Getreide-flocken kurz auf mittlerer Stufe unterrühren. Den Backofen vorheizen.
Ober-/Unterhitze: etwa 160 °C
Heißluft: etwa 140 °C

3. Den Teig mit zwei Teelöffeln in walnussgroßen Häufchen mit etwas Abstand auf zwei Backbleche (gefettet, mit Backpapier belegt) setzen. Die Backbleche nacheinander (bei Heißluft zusammen) in den vorgeheizten Backofen schieben und die Cookies **20–25 Minuten backen.**

4. Die Backbleche auf Kuchenroste stellen und die Cookies darauf erkalten lassen. Anschließend die Cookies vom Backpapier nehmen.

Tipp: Ersetzen Sie die gemischten Flocken durch zarte Haferflocken.

Cashew-Schoko-Cookies

Zubereitungszeit: 30 Minuten
Backzeit: etwa 15 Minuten je Backblech
Haltbarkeit: etwa 3 Wochen in gut schließenden Dosen
Insgesamt: E: 57 g, F: 287 g, Kh: 376 g, kJ: 18127, kcal: 4331, BE: 31,5

Etwa 60 Stück

Zutaten
Für den Rührteig:

100 g	geröstete, gesalzene Cashewkerne
200 g	Zartbitter-Schokolade
1–2 TL	rosa Pfefferbeeren
200 g	Butter oder Margarine
120 g	Zucker
1	Ei (Größe M)
200 g	Weizenmehl
1 gestr. TL	Dr. Oetker Backin

1. Cashewkerne hacken und 1–2 Esslöffel davon zum Bestreuen beiseite stellen. 120 g von der Schokolade und Pfefferbeeren ebenfalls portionsweise hacken.

2. Restliche Schokolade in Stücke brechen und in einem Topf im Wasserbad bei schwacher Hitze unter Rühren schmelzen. Schokolade abkühlen lassen. Den Backofen vorheizen.
Ober-/Unterhitze: etwa 180 °C
Heißluft: etwa 160 °C

3. Butter oder Margarine mit Handrührgerät mit Rührbesen auf höchster Stufe geschmeidig rühren. Nach und nach Zucker unterrühren. So lange rühren, bis eine gebundene Masse entstanden ist. Das Ei etwa $1/2$ Minute unterrühren. Geschmolzene Schokolade kurz unterrühren.

4. Mehl mit Backpulver mischen und in 2 Portionen auf mittlerer Stufe kurz unterrühren. Zuletzt die gehackten Zutaten dazugeben und kurz unterrühren.

5. Den Teig mit zwei Teelöffeln in walnussgroßen Häufchen mit etwas Abstand auf zwei Backbleche (gefettet, mit Backpapier belegt) setzen und die Häufchen mit den beiseite gestellten Cashewkernen bestreuen.

6. Die Backbleche nacheinander (bei Heißluft zusammen) in den vorgeheizten Backofen schieben und die Cookies **etwa 15 Minuten backen**.

7. Die Backbleche auf Kuchenroste stellen. Die Cookies darauf erkalten lassen und anschließend vom Backpapier nehmen.

Haferflockenplätzchen

Zubereitungszeit: 20 Minuten
Backzeit: 12–15 Minuten je Backblech
Haltbarkeit: etwa 2 Wochen in gut schließenden Dosen
Insgesamt: E: 29 g, F: 79 g, Kh: 183 g, kJ: 6572, kcal: 1567, BE: 15,5

Etwa 50 Stück

Zutaten
Für den Teig:

75 g	Butter oder Margarine
125 g	kernige Haferflocken
75 g	Zucker
1	Ei (Größe M)
3–4 Tropfen	Bittermandel-Aroma
50 g	Weizenmehl
1 gestr. TL	Dr. Oetker Backin

1. Für den Teig Butter oder Margarine in einer Pfanne zerlassen. Die Haferflocken unter Rühren bei schwacher Hitze darin bräunen. 1 Esslöffel von dem Zucker mitbräunen (karamellisieren) lassen. Masse abkühlen lassen.

2. Ei mit Handrührgerät mit Rührbesen in 1 Minute schaumig schlagen. Nach und nach restlichen Zucker und Aroma hinzufügen, dann noch etwa 1 Minute schlagen. Mehl mit Backpulver mischen und mit den Haferflocken kurz auf niedrigster Stufe unterrühren. Den Backofen vorheizen.
Ober-/Unterhitze: etwa 180 °C
Heißluft: etwa 160 °C

3. Den Teig mit 2 Teelöffeln mit etwas Abstand in walnussgroßen Häufchen auf zwei Backbleche (gefettet, mit Backpapier belegt) setzen. Die Backbleche nacheinander (bei Heißluft zusammen) in den vorgeheizten Backofen schieben und die Plätzchen **12–15 Minuten backen**.

4. Die Plätzchen mit dem Backpapier von den Backblechen auf Kuchenroste ziehen und erkalten lassen.

Kokosberge mit Cranberries
(Titelrezept)

Zubereitungszeit: 30 Minuten, ohne Abkühlzeit
Backzeit: 12–15 Minuten
Haltbarkeit: 3–4 Wochen in gut schließenden Dosen
Insgesamt: E: 24 g, F: 158 g, Kh: 284 g, kJ: 11127, kcal: 2666, BE: 23,5

Etwa 30 Stück

Zutaten
Für den Rührteig:

125 g	Butter oder Margarine
70 g	Zucker

1. Für den Teig Butter oder Margarine mit Handrührgerät mit Rührbesen auf höchster Stufe geschmeidig rühren. Nach und nach Zucker und Aroma unterrühren. So lange rühren, bis eine gebundene Masse entstanden ist. Das Ei etwa ½ Minute unterrühren.

(Fortsetzung Seite 55)

½ Pck.	Dr. Oetker Finesse Orangenschalen-Aroma
1	Ei (Größe M)
125 g	Weizenmehl
½ gestr. TL	Dr. Oetker Backin
75 g	Kokos-Chips oder Kokosraspel
125 g	getrocknete Cranberries

Für Guss und Garnierung:

75 g	Puderzucker
1–2 EL	Zitronensaft
	bunte Zuckerstreusel

2. Mehl mit Backpulver mischen und in 2 Portionen auf mittlerer Stufe kurz unterrühren. Kokos-Chips oder Kokosraspel und Cranberries zuletzt kurz unterrühren. Den Backofen vorheizen.
Ober/Unterhitze: etwa 200 °C
Heißluft: etwa 180 °C

3. Den Teig mit 2 Teelöffeln in walnussgroßen Häufchen mit etwas Abstand auf ein Backblech (gefettet, mit Backpapier belegt) setzen. Das Backblech in den vorgeheizten Backofen schieben und die Kekse **12–15 Minuten backen**.

4. Das Backpapier mit den Keksen vom Backblech auf einen Kuchenrost ziehen und erkalten lassen.

5. Für den Guss Puderzucker mit Zitronensaft zu einer dickflüssigen Masse verrühren, jeweils einen Klecks Guss auf die Kekse geben und sofort mit Zuckerstreuseln bestreuen. Guss fest werden lassen.

Malzkekse mit Whisky

Zubereitungszeit: 20 Minuten
Backzeit: 15–20 Minuten je Backblech
Haltbarkeit: 3–4 Wochen in gut schließenden Dosen
Insgesamt: E: 34 g, F: 111 g, Kh: 236 g, kJ: 9272, kcal: 2215, BE: 19,5

Etwa 45 Stück

Zutaten
Für den All-in-Teig:

150 g	Vollkorn-Weizenmehl
50 g	Weizenmehl
1 gestr. TL	Dr. Oetker Backin
50 g	Zucker
1 Prise	Salz
1 Pck.	Dr. Oetker Vanillin-Zucker
1	Ei (Größe M)
70 g	Gerstenmalz (erhältlich im Bioladen oder Reformhaus)
120 g	weiche Butter oder Margarine
4 EL	Whisky

Zum Bestreuen:

	Vollkorn-Weizenmehl

1. Für den Teig beide Mehle mit Backpulver in einer Rührschüssel mischen. Restliche Zutaten hinzufügen und alles mit Handrührgerät mit Rührbesen erst kurz auf niedrigster, dann auf höchster Stufe in 1 Minute zu einem Teig verarbeiten. Den Backofen vorheizen.
Ober-/Unterhitze: etwa 180 °C
Heißluft: etwa 160 °C

2. Den Teig mit zwei Teelöffeln in walnussgroßen Häufchen mit etwas Abstand auf zwei Backbleche (gefettet, mit Backpapier belegt) setzen.

3. Teighäufchen mit etwas Vollkornmehl bestäuben. Die Backbleche nacheinander (bei Heißluft zusammen) in den vorgeheizten Backofen schieben und die Kekse **15–20 Minuten backen**.

4. Die Backbleche auf Kuchenroste setzen und das Gebäck darauf erkalten lassen. Anschließend die Kekse vom Backpapier nehmen.

Tipp: Bereiten Sie aus 75 g Puderzucker und 1–2 Esslöffeln Whisky einen dickflüssigen Guss zu und füllen Sie ihn in einen kleinen Gefrierbeutel. Schneiden Sie eine kleine Ecke ab und schreiben Sie auf jeden Keks ein „M" (Foto).

Würzige Butterkekse

Zubereitungszeit: 25 Minuten, ohne Abkühlzeit
Backzeit: etwa 15 Minuten je Backblech
Haltbarkeit: 3–4 Wochen in gut schließenden Dosen
Insgesamt: E: 32 g, F: 134 g, Kh: 242 g, kJ: 9713, kcal: 2321, BE: 20,0

Etwa 40 Stück

Zutaten
Für den All-in-Teig:

150 g	Butter
200 g	Dinkelmehl (Type 630)
½ gestr. TL	Dr. Oetker Backin
1 Prise	Salz
100 g	brauner Zucker (Kandisfarin)
1 Pck.	Dr. Oetker Bourbon-Vanille-Zucker
1	Eiweiß (Größe M)
2 EL	Milch

Zum Bestreichen:

1	Eigelb (Größe M)
1 EL	Milch

1. Von der Butter 100 g bei mittlerer Hitze zerlassen und leicht bräunen lassen. Topf von der Kochstelle nehmen und etwas abkühlen lassen. Restliche Butter unterrühren. Den Backofen vorheizen.
Ober-/Unterhitze: etwa 180 °C
Heißluft: etwa 160 °C

2. Mehl und Backpulver mischen und in eine Rührschüssel geben. Restliche Zutaten und die Butter hinzufügen und alles mit Handrührgerät mit Rührbesen erst kurz auf niedrigster, dann auf höchster Stufe zu einem Teig verarbeiten.

3. Den Teig mit zwei Teelöffeln in walnussgroßen Häufchen mit etwas Abstand auf zwei Backbleche (gefettet, mit Backpapier belegt) setzen.

4. Eigelb mit Milch verquirlen und die Teighäufchen mit einem Backpinsel damit bestreichen. Die Backbleche nacheinander (bei Heißluft zusammen) in den vorgeheizten Backofen schieben und die Kekse **etwa 15 Minuten backen**.

5. Die Backbleche auf Kuchenroste stellen und das Gebäck darauf erkalten lassen.

Tipp: Gut schmeckt auch eine Variante mit Schokotröpfchen. Dafür zusätzlich 50 g Schokotröpfchen in den Teig rühren.

Frischkäsekekse

Zubereitungszeit: 30 Minuten
Backzeit: etwa 12 Minuten je Backblech
Haltbarkeit: 2–3 Wochen in gut schließenden Dosen
Insgesamt: E: 68 g, F: 222 g, Kh: 202 g, kJ: 12803, kcal: 3057, BE: 17,0

Etwa 60 Stück

Zutaten
Für den Rührteig:
200 g	Doppelrahm-Frischkäse
50 g	weiches Butterschmalz
120 g	Zucker
1 Pck.	Dr. Oetker Vanillin-Zucker
3 Tropfen	Bittermandel-Aroma
1	Eiweiß (Größe M)
50 g	Weizenmehl
1 Msp.	Dr. Oetker Backin
200 g	abgezogene, gemahlene Mandeln
½ Pck.	Dr. Oetker Finesse Geriebene Zitronenschale

Zum Bestäuben:
2–3 EL	Puderzucker

1. Für den Rührteig Frischkäse und Butterschmalz mit Handrührgerät mit Rührbesen auf höchster Stufe geschmeidig rühren. Nach und nach Zucker, Vanillin-Zucker und Aroma unterrühren. So lange rühren, bis eine gebundene Masse entstanden ist. Eiweiß unterrühren.

2. Mehl mit Backpulver, Mandeln und Zitronenschale mischen und in 2 Portionen kurz auf mittlerer Stufe unterrühren. Den Backofen vorheizen.
Ober-/Unterhitze: etwa 200 °C
Heißluft: etwa 180 °C

3. Den Teig mit zwei Teelöffeln mit etwas Abstand in kleinen Häufchen auf zwei Backbleche (gefettet, mit Backpapier belegt) setzen. Die Backbleche nacheinander (bei Heißluft zusammen) in den vorgeheizten Backofen schieben und die Kekse **etwa 12 Minuten backen**.

4. Das heiße Gebäck dick mit Puderzucker bestäuben, mit dem Backpapier von den Backblechen auf Kuchenroste ziehen und erkalten lassen.

Kirschkekse mit Rosenblütenwasser

Zubereitungszeit: 30 Minuten, ohne Abkühlzeit
Backzeit: etwa 25 Minuten je Backblech
Haltbarkeit: etwa 3 Wochen in gut schließenden Dosen
Insgesamt: E: 28 g, F: 136 g, Kh: 402 g, kJ: 12443, kcal: 2973, BE: 33,5

Etwa 50 Stück

Zutaten
Für den Rührteig:

75 g	getrocknete Kirschen (erhältlich z. B. in Drogeriemärkten oder Bio-Läden)
1 gestr. TL	Dr. Oetker Finesse Geriebene Zitronenschale
1 EL	zarte Haferflocken
3–4 EL	Rosenblütenwasser (erhältlich in türkischen Geschäften, Bio-Läden oder Apotheken)
150 g	Butter oder Margarine
100 g	gesiebter Puderzucker
1 Prise	Salz
1 Pck.	Dr. Oetker Vanillin-Zucker
200 g	Weizenmehl
½ gestr. TL	Dr. Oetker Backin
1	Eigelb (Größe M)
1 EL	Milch

Zum Garnieren:

75 g	Puderzucker
1–2 EL	Rosenblütenwasser
	bunte Zuckerperlen

1. Kirschen fein hacken, mit Zitronenschale und Haferflocken in eine kleine Schüssel geben und mit Rosenblütenwasser mischen. Den Backofen vorheizen.
Ober-/Unterhitze: etwa 160 °C
Heißluft: etwa 140 °C

2. Butter oder Margarine mit Handrührgerät mit Rührbesen auf höchster Stufe geschmeidig rühren. Nach und nach Puderzucker, Salz und Vanillin-Zucker unterrühren. Das Eigelb ebenfalls unterrühren.

3. Mehl mit Backpulver mischen und in 2 Portionen auf mittlerer Stufe unterrühren. Zuletzt Kirsch-Haferflocken-Masse und Milch kurz unterrühren.

4. Den Teig mit zwei Teelöffeln in walnussgroßen Häufchen mit etwas Abstand auf zwei Backbleche (gefettet, mit Backpapier belegt) setzen. Die Backbleche nacheinander (bei Heißluft zusammen) in den vorgeheizten Backofen schieben und die Kekse **etwa 25 Minuten backen**.

5. Die Backbleche auf Kuchenroste setzen und die Kekse darauf erkalten lassen. Anschließend die Kekse vom Backpapier nehmen.

6. Zum Garnieren Puderzucker mit so viel Rosenblütenwasser verrühren, dass ein dickflüssiger Guss entsteht. Guss in Klecksen auf die Kekse geben und sofort mit Zuckerperlen bestreuen. Guss fest werden lassen.

Kapitelregister

Vom Backblech

Pistazien-Mandel-Splitter	7
Schnelle Nussecken	9
Marzipan-Sesam-Streifen	11
Pinienstreuselplätzchen (Titelrezept)	11
Haselnuss-Splitter	13
Fruchtige Shortbread-Streifen	15
Orangen-Anis-Streusel-Brocken	17
Sonnenblumen-Kürbiskern-Knusperchen	19
Mohn-Kokos-Kekse mit Kirschfüllung	21

Rollen- und Stangenkekse

Walnuss-Schoko-Taler	23
Shortbread-Scheiben	25
Bunte Pistazientaler (Titelrezept)	27
Ghana-Taler	29
Lebkuchen-Pecan-Quadrate	31
Kokostaler	33
Schoko-Macadamia-Stangen (Titelrezept)	35
Kandiskekse	37
Mandel-Curry-Kekse	39
Mokkastangen	41

Löffelkekse

Kokos-Mango-Cookies	43
Zimt-Nuss-Makronen	45
Salzig-süße Macadamia-Brocken	47
Espressokekse (Titelrezept)	47
Flocken-Cookies	49
Cashew-Schoko-Cookies	51
Haferflockenplätzchen	53
Kokosberge mit Cranberries (Titelrezept)	53
Malzkekse mit Whisky	55
Würzige Butterkekse	57
Frischkäsekekse	59
Kirschkekse mit Rosenblütenwasser	61

Abkürzungen

EL	=	Esslöffel	TK	=	Tiefkühlprodukt
TL	=	Teelöffel	°C	=	Grad Celsius
Msp.	=	Messerspitze	Ø	=	Durchmesser
Pck.	=	Packung/Päckchen			
g	=	Gramm			
kg	=	Kilogramm			
ml	=	Milliliter			
l	=	Liter			
evtl.	=	eventuell			
geh.	=	gehäuft			
gestr.	=	gestrichen			

Kalorien-/Nährwertangaben

E	=	Eiweiß
F	=	Fett
Kh	=	Kohlenhydrate
kcal	=	Kilokalorien
kJ	=	Kilojoule
BE	=	Broteinheiten

Alphabetisches Register

B

Bunte Pistazientaler (Titelrezept)........................ 27
Butterkekse, würzige... 57

C

Cashew-Schoko-Cookies....................................... 51

E/F

Espressokekse (Titelrezept)................................ 47
Flocken-Cookies 49
Frischkäsekekse... 59
Fruchtige Shortbread-Streifen 15

G/H

Ghana-Taler.. 29
Haferflockenplätzchen... 53
Haselnuss-Splitter 13

K

Kandiskekse 37
Kirschkekse mit Rosenblütenwasser................... 61
Kokosberge mit Cranberries (Titelrezept) 53
Kokos-Mango-Cookies... 43
Kokostaler.. 33

L

Lebkuchen-Pecan-Quadrate 31

M/N

Macadamia-Brocken, salzig-süße 47
Malzkekse mit Whisky 55
Mandel-Curry-Kekse 39
Marzipan-Sesam-Streifen 11
Mohn-Kokos-Kekse mit Kirschfüllung 21
Mokkastangen 41
Nussecken, schnelle 9

O/P

Orangen-Anis-Streusel-Brocken 17
Pinienstreuselplätzchen (Titelrezept) 11
Pistazien-Mandel-Splitter 7
Pistazientaler, bunte (Titelrezept)...................... 27

S

Salzig-süße Macadamia-Brocken.......................... 47
Schnelle Nussecken 9
Schoko-Macadamia-Stangen (Titelrezept) 35
Shortbread-Scheiben.. 25
Shortbread-Streifen, fruchtige............................ 15
Sonnenblumen-Kürbiskern-Knusperchen 19

W/Z

Walnuss-Schoko-Taler 23
Würzige Butterkekse 57
Zimt-Nuss-Makronen.. 45

Hinweise zu den Rezepten
Lesen Sie bitte vor der Zubereitung – besser noch vor dem Einkaufen – das Rezept einmal vollständig durch. Oft werden Arbeitsabläufe oder -zusammenhänge dann klarer.

Zutatenliste
Die Zutaten sind in der Reihenfolge ihrer Verarbeitung aufgeführt.

Zubereitungszeiten
Die Zubereitungszeit beinhaltet nur die Zeit für die eigentliche Zubereitung, die Backzeiten sind gesondert ausgewiesen. Längere Wartezeiten wie z. B. Kühlzeiten sind ebenfalls nicht mit einbezogen.

Arbeitsschritte
Die Arbeitsschritte sind einzeln hervorgehoben, in der Reihenfolge, in der wir sie ausprobiert haben.

Backofeneinstellung
Die in den Rezepten angegebenen Backtemperaturen und -zeiten sind Richtwerte, die je nach individueller Hitzeleistung des Backofens über- oder unterschritten werden können. Bitte beachten Sie deshalb bei der Einstellung des Backofens die Gebrauchsanweisung des Herstellers und machen Sie nach Beendigung der angegebenen Backzeit eine Garprobe.
Die Angaben beziehen sich auf Elektrobacköfen, da die Einstellungsmöglichkeiten für Gasbacköfen je nach Hersteller stark variieren.

Für Fragen, Vorschläge oder Anregungen steht Ihnen der Verbraucherservice der Dr. Oetker Versuchsküche Telefon 0 08 00 71 72 73 74 Mo.–Fr. 8:00–18:00 Uhr, Sa. 9:00–15:00 Uhr (gebührenfrei in Deutschland) oder die Mitarbeiter des Dr. Oetker Verlags Telefon +49 (0) 521 520650 Mo.–Fr. 9:00–15:00 Uhr zur Verfügung. Oder schreiben Sie uns: Dr. Oetker Verlag KG, Am Bach 11, 33602 Bielefeld oder besuchen Sie uns im Internet unter www.oetker-verlag.de oder www. oetker.de.

Umwelthinweis	Dieses Buch und der Einband wurden auf chlorfrei gebleichtem Papier gedruckt. Die Einschrumpffolie – zum Schutz vor Verschmutzung – ist aus umweltfreundlichem und recyclingfähigem PE-Material.
Copyright	© 2008 by Dr. Oetker Verlag KG, Bielefeld
Redaktion	Carola Reich, Sabine Lüning
Titelfoto **Innenfotos**	Thomas Diercks, Hamburg Winkler Studios, Bremen Thomas Diercks, Hamburg (S. 24–28, 32–36, 44, 52, 58)
Foodstyling	Stevan Paul, Hamburg
Rezeptentwicklung und -beratung	Anke Rabeler, Berlin
Nährwertberechnungen	Nutri Service, Hennef
Grafisches Konzept **Gestaltung** **Titelgestaltung**	kontur:design, Bielefeld M·D·H Haselhorst, Bielefeld kontur:design, Bielefeld
Reproduktionen **Satz** **Druck und Bindung**	Fotolito Longo, Bozen/Italien JUNFERMANN Druck & Service, Paderborn Firmengruppe APPL, aprinta druck, Wemding

Die Autoren haben dieses Buch nach bestem Wissen und Gewissen erarbeitet. Alle Rezepte, Tipps und Ratschläge sind mit Sorgfalt ausgewählt und geprüft. Eine Haftung des Verlages und seiner Beauftragten für alle erdenklichen Schäden an Personen, Sach- und Vermögensgegenständen ist ausgeschlossen.

Nachdruck und Vervielfältigung (z. B. durch Datenträger aller Art) sowie Verbreitung jeglicher Art, auch auszugsweise, ist nur mit ausdrücklicher Genehmigung und Quellenangabe gestattet.

ISBN 978–3–7670–0918–9

Mandelexemplar